Impressum
Verlag: BABADADA GmbH, Nedderfeld 112 , 22529 Hamburg
Geschäftsführer / Verlagsleitung: Harald Hof
Druck: Books on Demand GmbH, In de Tarpen 42, 22848 Norderstedt

Imprint
Publisher: BABADADA GmbH, Nedderfeld 112 , 22529 Hamburg, Germany
Managing Director / Publishing direction: Harald Hof
Print: Books on Demand GmbH, In de Tarpen 42, 22848 Norderstedt

paaralan
koulu

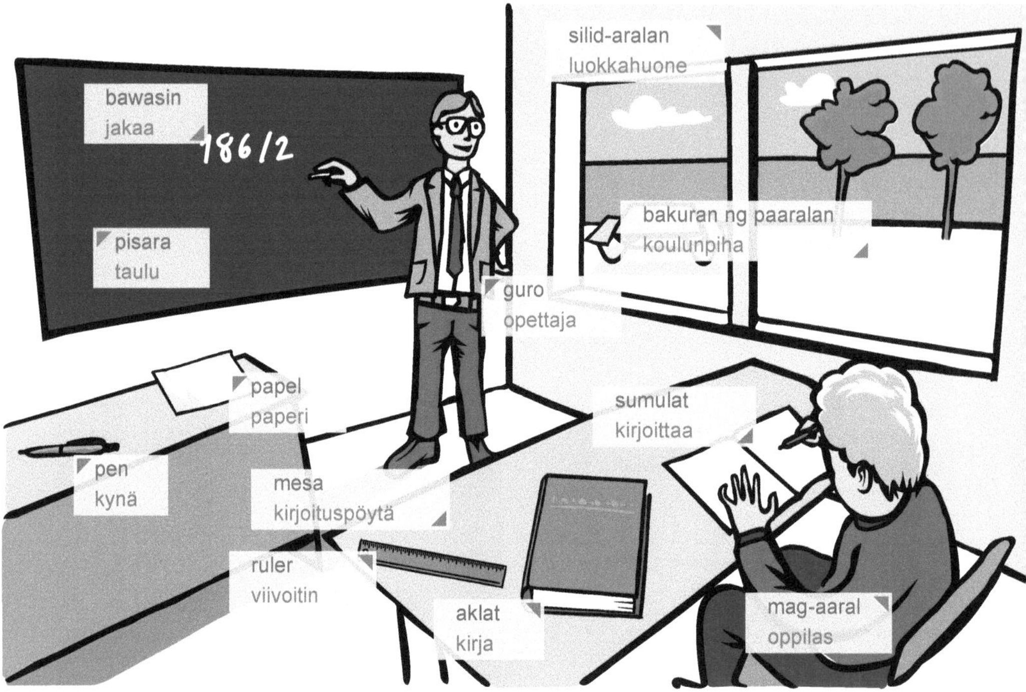

silid-aralan
luokkahuone
bawasin
jakaa
186/2
pisara
taulu
bakuran ng paaralan
koulunpiha
guro
opettaja
papel
paperi
sumulat
kirjoittaa
pen
kynä
mesa
kirjoituspöytä
ruler
viivoitin
aklat
kirja
mag-aaral
oppilas

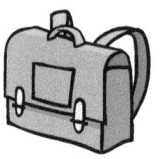

satchel
reppu

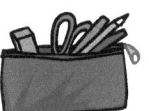

lalagyan ng lapis
penaali

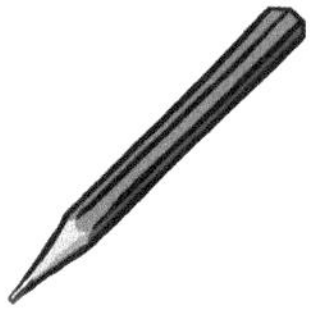

lapis
lyijykynä

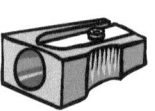

pantasa
kynänteroitin

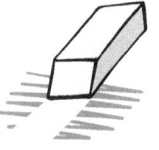

goma
pyyhekumi

drowing pad
piirustuslehtiö

drowing

piirustus

pinsel na pampinta

pensseli

kahon ng pinta

vesivärit

gunting

sakset

pandikit

liima

aklat para sa pagsasanay

harjoituskirja

takdang-aralin

kotitehtävä

numero

luku

dagdagan

lisätä

bawasin

vähentää

paramihin

kertoa

kalkulahin

laskea

liham

kirjain

alpabeto

aakkoset

salita

sana

teksto

teksti

basahin

lukea

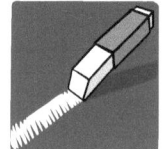

yeso

liitu

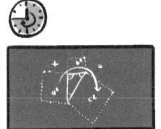

leksyon

oppitunti

rehistro

opettajan muistikirja

eksaminasyon

koe

sertipiko

todistus

uniporme sa paaralan

koulupuku

edukasyon

koulutus

encyclopedia

sanakirja

unibersidad

yliopisto

mikroskopyo

mikroskooppi

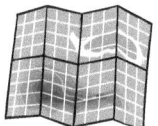

mapa

kartta

basurahan ng papel

roskakori

hotel
hotelli

hostel
retkeilymaja

tanggapan ng palitan ng pera
rahanvaihto

ROOMS

€CHANGE

maleta
matkalaukku

kotse
auto

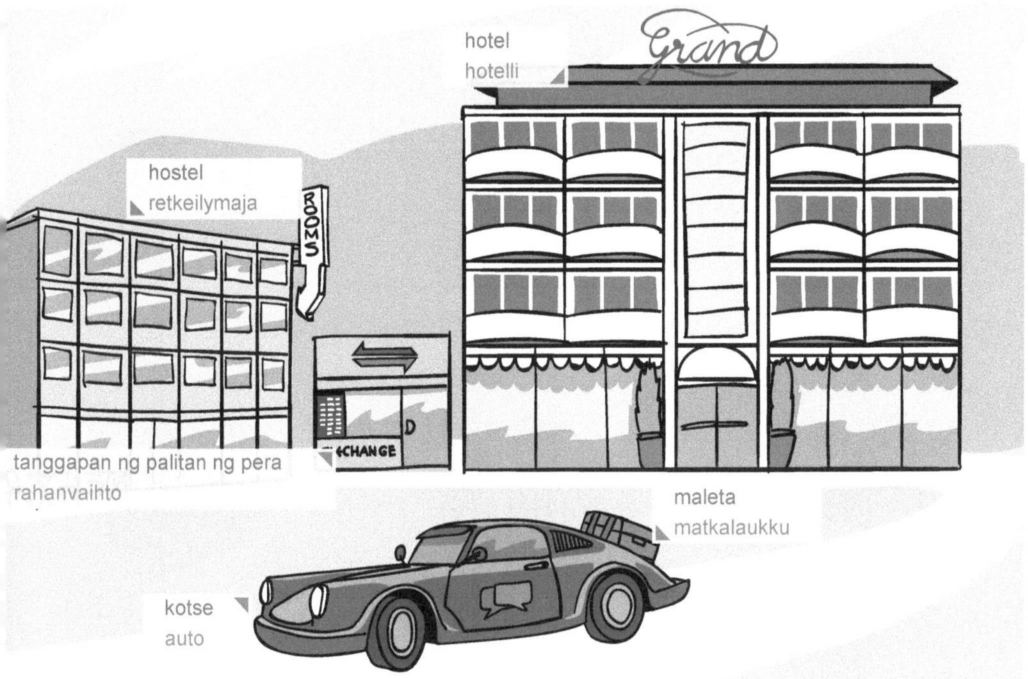

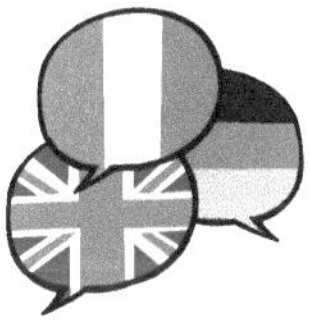

wika

kieli

oo / hindi

kyllä / ei

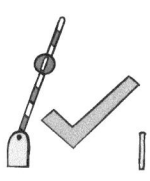

Okey

selvä

kumusta

hei

tagapagsalin

tulkki

Salamat

kiitos

magkano ang…?

Paljonko…maksaa?

Hindi ko maintindihan

en ymmärrä

problema

ongelma

Magandang gabi!

Hyvää iltaa!

Magandang umaga!

Hyvää huomenta!

Magandang gabi!

Hyvää yötä!

paalam

näkemiin

direksyon

suunta

bahage

matkatavarat

bag

laukku

napsak

reppu

panauhin

vieras

silid

huone

sakong tulugan

makuupussi

tolda

teltta

paglalakbay - matka

impormasyon ng turista

turisti-info

dalampasigan

ranta

credit card

luottokortti

almusal

aamupala

tanghalian

lounas

hapunan

päivällinen

tiket

matkalippu

elebeytor

hissi

selyo

postimerkki

hangganan

raja

adwana

tulli

embahada

suurlähetystö

visa

viisumi

pasaporte

passi

transportasyon
kuljetus

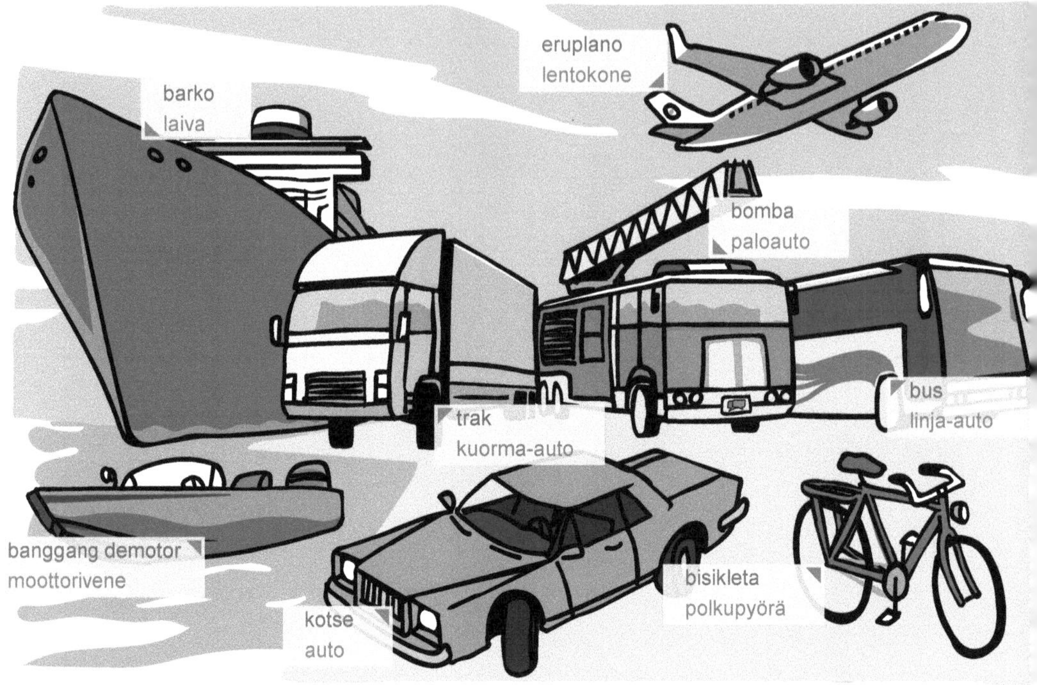

eruplano
lentokone
barko
laiva
bomba
paloauto
bus
linja-auto
trak
kuorma-auto
banggang demotor
moottorivene
bisikleta
polkupyörä
kotse
auto

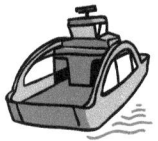

lantsang pantawid
lautta

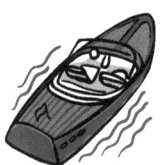

bangka
vene

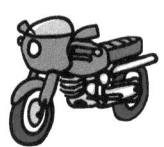

motorsiklo
moottoripyörä

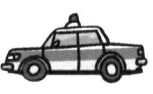

sasakyan ng pulis
poliisiauto

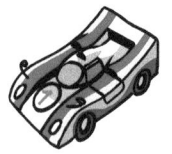

kotseng pangkarera
kilpa-auto

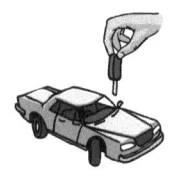

nirerentahang kotse
vuokra-auto

car sharing

car sharing

trak na panghila

hinausauto

trak na pantapon ng basura

roska-auto

motor

moottori

panggatong

polttoaine

gasolinahan

huoltoasema

karatula ng trapiko

liikennemerkki

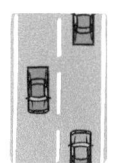

trapiko

liikenne

masikip na trapiko

ruuhka

paradahan ng kotse

parkkipaikka

estasyon ng tren

rautatieasema

riles

raiteet

tren

juna

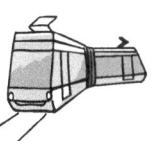

trambya

raitiovaunu

wagon

vaunu

helikopter

helikopteri

paliparan

lentokenttä

tore

lähilennonjohto

pasahero

matkustaja

sisidlan

kontti

karton

pahvilaatikko

kariton

kärryt

basket

kori

umalis / lumapag

nousta / laskea

lungsod

kaupunki

nayon

kylä

sentro ng lungsod

keskusta

bahay

talo

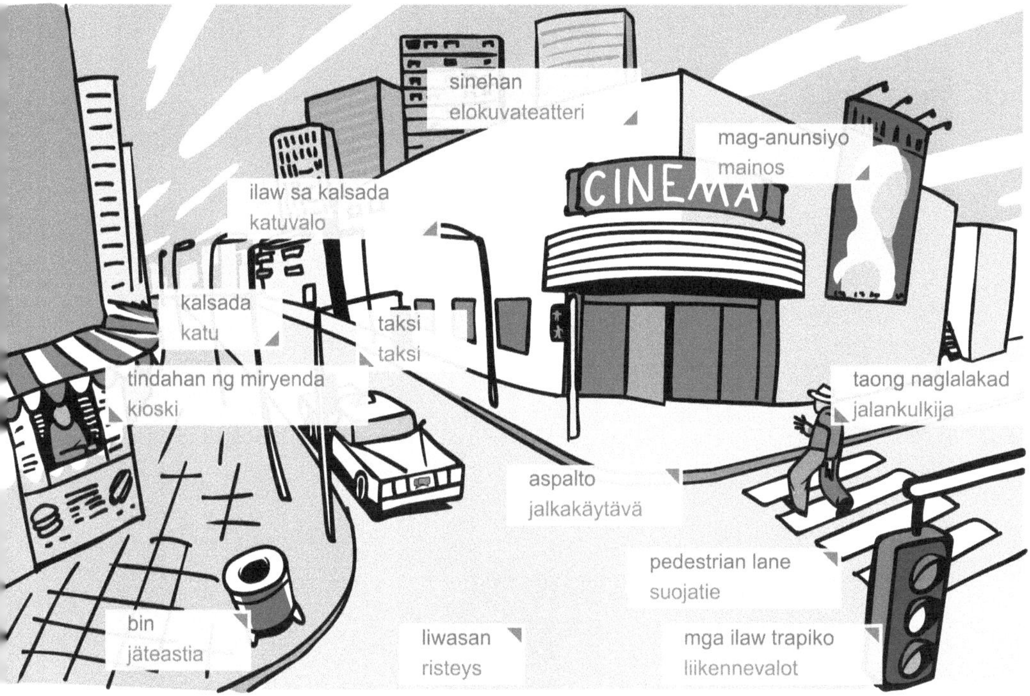

sinehan
elokuvateatteri

mag-anunsiyo
mainos

ilaw sa kalsada
katuvalo

CINEMA

kalsada
katu

taksi
taksi

tindahan ng miryenda
kioski

taong naglalakad
jalankulkija

aspalto
jalkakäytävä

pedestrian lane
suojatie

bin
jäteastia

liwasan
risteys

mga ilaw trapiko
liikennevalot

kubo
mökki

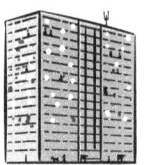

patag
kerrostalo

estasyon ng tren
rautatieasema

munisipyo
kaupungintalo

museo
museo

paaralan
koulu

unibersidad

yliopisto

bangko

pankki

ospital

sairaala

hotel

hotelli

parmasya

apteekki

opisina

toimisto

tindahan ng aklat

kirjakauppa

tindahan

liike

tindahan ng bulaklak

kukkakauppa

supermarket

supermarketti

palengke

tori

department store

tavaratalo

tindahan ng isda

kalakauppias

sentrong pamilihan

ostoskeskus

daungan

satama

parke

puisto

bangko

penkki

tulay

silta

hagdan

portaat

underground

metro

tunel

tunneli

hintuan ng bus

linja-autopysäkki

bar

baari

restawran

ravintola

kahon ng koreo

postilaatikko

karatula sa kalsada

katukyltti

metro ng paradahan

parkkimittari

zoo

eläintarha

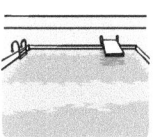

swimming pool

uimala

moske

moskeija

bukid
maatila

polusyon
ympäristön saastuminen

libingan
hautausmaa

simbahan
kirkko

palaruan
leikkikenttä

templo
temppeli

tanawin
maisema

dahon
lehti

posteng pananda
tienviitta

daan
tie

parang
niitty

bato
kivi

hiker
retkeilijä

kahoy
puu

ilog
joki

damo
ruoho

bulaklak
kukka

lambak

laakso

burol

vuori

look

järvi

kagubatan

metsä

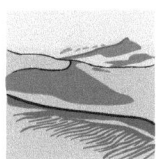

disyerto

aavikko

bulkan

tulivuori

kastilyo

linna

bahaghari

sateenkaari

kabute

sieni

palmera

palmu

lamok

hyttynen

langaw

kärpänen

langgam

muurahainen

bubuyog

mehiläinen

gagamba

hämähäkki

salagubang

kovakuoriainen

palaka

sammakko

ardilya

orava

parkupino

siili

liyebre

jänis

kuwago

pöllö

ibon

lintu

sisne

joutsen

bulugan

villisika

usa

peura

moose

hirvi

dam

pato

turbina ng hangin

tuulimylly

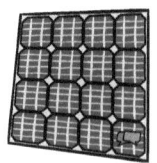

solar panel

aurinkopaneeli

klima

ilmasto

tanawin - maisema

waiter
tarjoilija

putahe
ruokalista

silya
tuoli

sopas
keitto

pizza
pitsa

kubyertos
ruokailuvälineet

mantel
pöytäliina

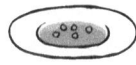

panimula

alkuruoka

pangunahing pagkain

pääruoka

panghimagas

jälkiruoka

inumin

juomat

pagkain

ruoka

bote

pullo

fastfood
pikaruoka

pagkaing kalye
katuruoka

tsarera
teekannu

panutsa
sokeriastia

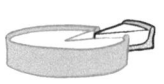

bahagi
annos

espresso machine
espressokeitin

mataas na upuan
syöttötuoli

bayarin
lasku

bandehado
tarjotin

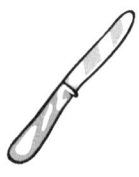

kutsilyo
veitsi

tinidor
haarukka

kutsara
lusikka

kutsarita
teelusikka

serviette
servietti

baso
lasi

restawran - ravintola

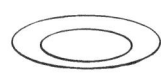

pinggan

lautanen

platong pansopas

syvä lautanen

platito

aluslautanen

sawsawan

kastike

pangkalog ng asin

suolasirotin

panggiling ng paminta

pippurimylly

suka

etikka

langis

öljy

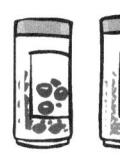

pampalasa

mausteet

ketsup

ketsuppi

mustasa

sinappi

mayonnaise

majoneesi

supermarket
supermarketti

espesyal na alok
tarjous
kustomer
asiakas
produktong mantikilya
maitotuotteet
prutas
hedelmät
troli
ostoskärryt
FOR

BUTCHERS

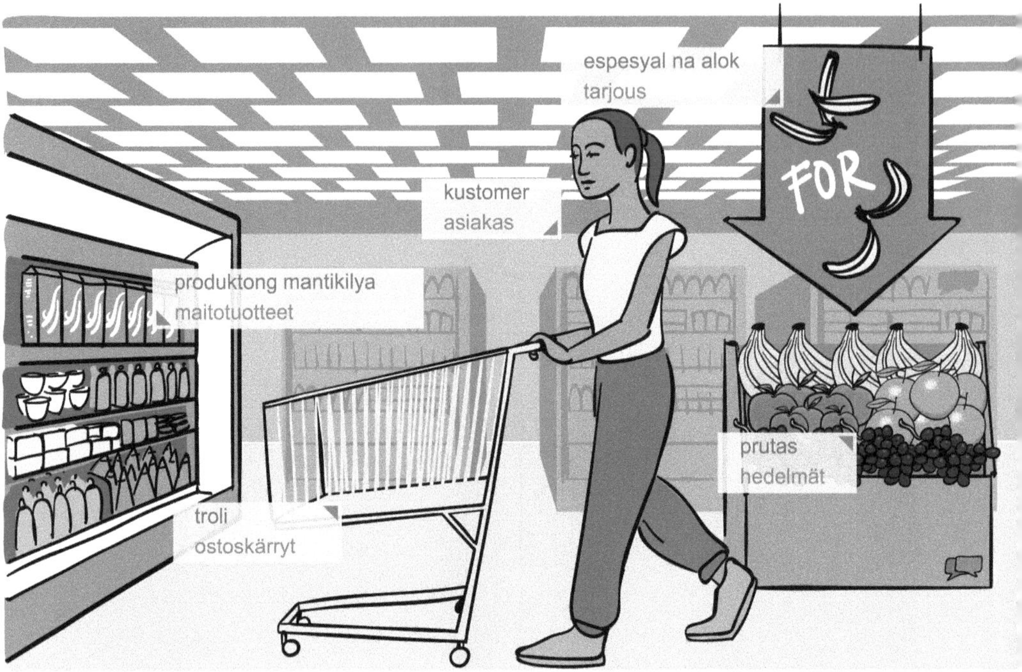

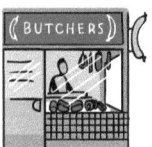

butser

teurastamo

BAKERY

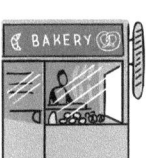

panaderya

leipomo

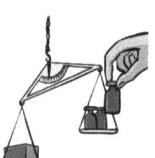

timbang

punnita

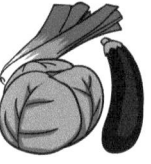

mga gulay

kasvikset

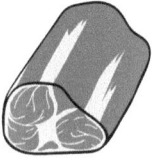

karne

liha

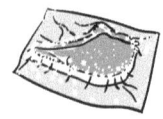

pinalamig na pagkain

pakasteet

malamig na karne

leikkele

delatang pagkain

säilykkeet

pulbos na panlaba

pesujauhe

matatamis

makeiset

mga produktong pambahay

kotitaloustarvikkeet

mga produktong panlinis

puhdistusaineet

tindera

myyjä

cash register

kassa

kahera

kassanhoitaja

listahan ng pinamili

ostoslista

oras ng pagbubukas

aukioloajat

pitaka

lompakko

credit card

luottokortti

bag

kassi

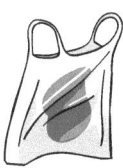

plastik bag

muovipussi

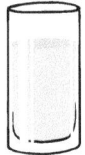

tubig

vesi

juice

mehu

gatas

maito

coke

kokis

alak

viini

serbesa

olut

alak

alkoholi

kakaw

kaakao

tsaa

tee

kape

kahvi

espresso

espresso

cappuccino

cappuccino

saging

banaani

mansanas

omena

kahel

appelsiini

melon

meloni

limon

sitruuna

carrot

porkkana

bawang

valkosipuli

kawayan

bambu

sibuyas

sipuli

kabute

sieni

mani

pähkinät

noodles

spagetti

spaghetti

spagetti

bigas

riisi

ensalada

salaatti

chips

ranskalaiset

pritong patatas

paistetut perunat

pizza

pitsa

hamburger

hampurilainen

sandwich

voileipä

piraso ng karneng walang buto

leike

hamon

kinkku

salami

salami

tsoriso

makkara

manok

kana

inihaw

paisti

isda

kala

mga porridge oat

kaurahiutaleet

muesli

mysli

cornflakes

murot

harina

jauho

croissant

voisarvi

rolyong tinapay

sämpylä

tinapay

leipä

tostado

paahtoleipä

biskuwit

keksit

mantikilya

voi

keso

rahka

keyk

kakku

itlog

kananmuna

pritong itlog

paistettu kananmuna

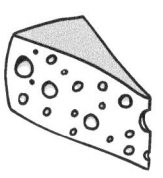

keso

juusto

pagkain - ruoka

sorbetes

jäätelö

asukal

sokeri

pulot

hunaja

jam

hillo

tsokolateng pinapahid

suklaapähkinälevite

curry

curry

bukid
maatila

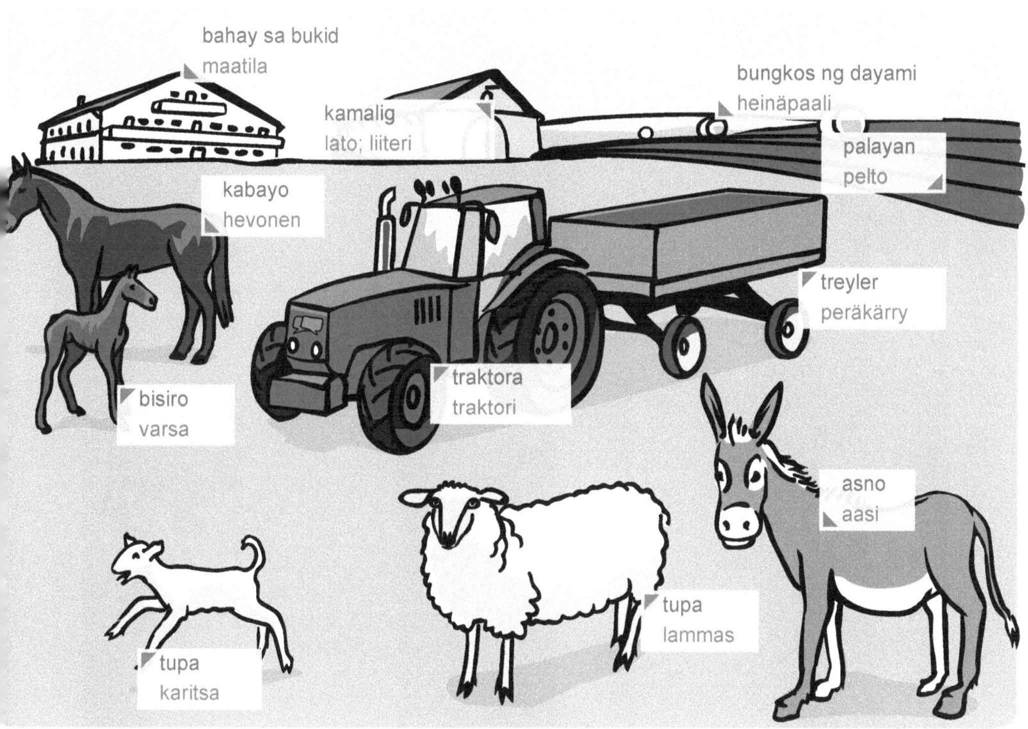

bahay sa bukid
maatila
kamalig
lato; liiteri
bungkos ng dayami
heinäpaali
palayan
pelto
kabayo
hevonen
treyler
peräkärry
bisiro
varsa
traktora
traktori
asno
aasi
tupa
lammas
tupa
karitsa

kambing

vuohi

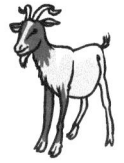

baka

lehmä

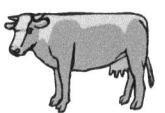

guya

vasikka

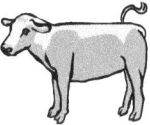

baboy

sika

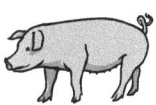

biik

porsas

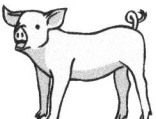

toro

sonni

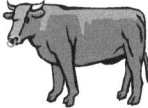

gansa
hanhi

pato
ankka

sisiw
tipu

inahin
kana

katyaw
kukko

daga
rotta

pusa
kissa

daga
hiiri

kapong baka
härkä

aso
koira

bahay ng aso
koirankoppi

hose sa hardin
puutarhaletku

latang pandilig
kastelukannu

haras
viikate

araro
aura

karit

sirppi

asarol

kuokka

tuhugin

talikko

palakol

kirves

karitela

kottikärryt

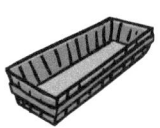

sabsaban

kaukalo

lata ng gatas

maitokannu

sako

säkki

bakod

aita

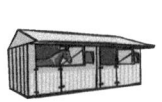

kuwadra

talli

punlaan

kasvihuone

lupa

maa

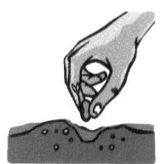

buto

siemen

pataba

lannoite

combine harvester

leikkuupuimuri

bukid - maatila 29

mag-ani

kerätä sato

ani

sato

yams

jamssit

trigo

vehnä

soya

soija

patatas

peruna

mais

maissi

rapeseed

rypsi

kahoy na namumunga

hedelmäpuu

kamoteng kahoy

maniokki

siryal

vilja

bahay
talo

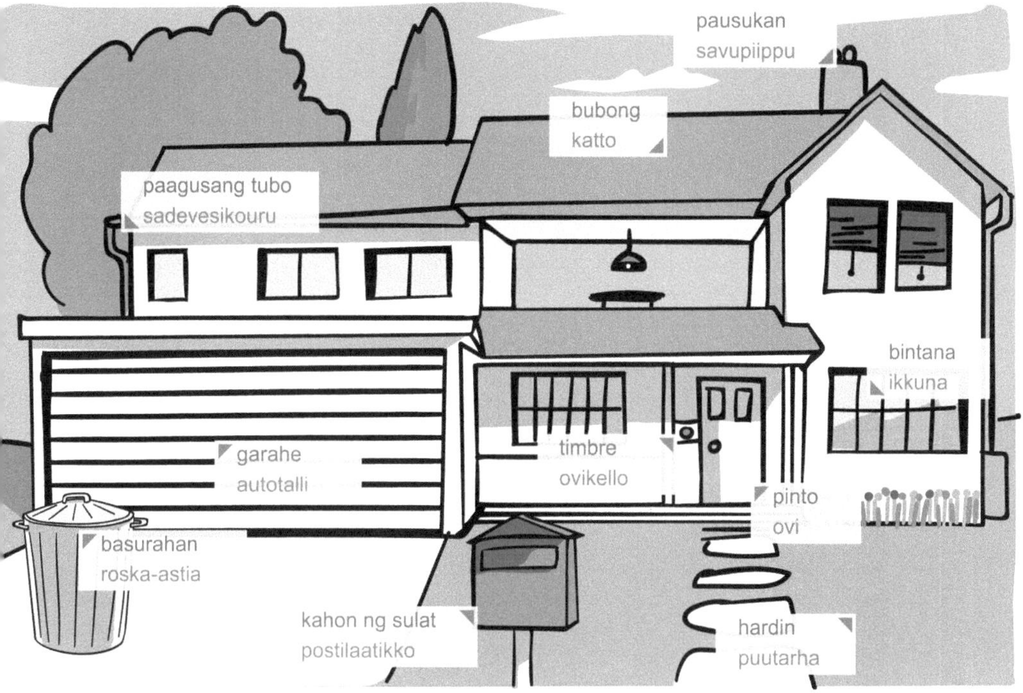
pausukan
savupiippu
bubong
katto
paagusang tubo
sadevesikouru
bintana
ikkuna
garahe
autotalli
timbre
ovikello
pinto
ovi
basurahan
roska-astia
kahon ng sulat
postilaatikko
hardin
puutarha

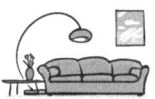

salas

olohuone

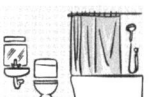

palikuran

kylpyhuone

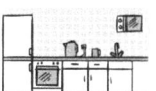

kusina

keittiö

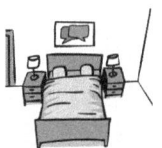

silid-tulugan

makuuhuone

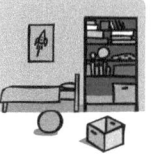

silid ng bata

lastenhuone

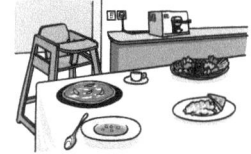

hapag-kainan

ruokahuone

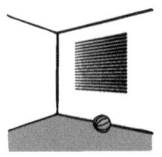

sahig

lattia

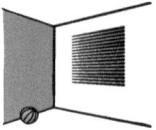

pader

seinä

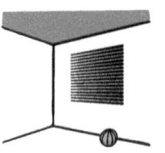

kisame

katto

bodega ng alak

kellari

sauna

sauna

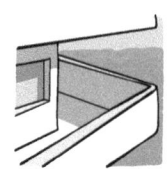

balkonahe

parveke

terasa

terassi

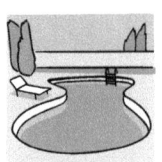

pool

uima-allas

pamputol ng damo

ruohonleikkuri

piraso ng papel

lakana

kobrekama

päiväpeitto

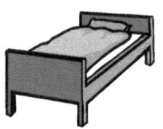

higaan

sänky

walis

harja

timba

ämpäri

pindutan

katkaisin

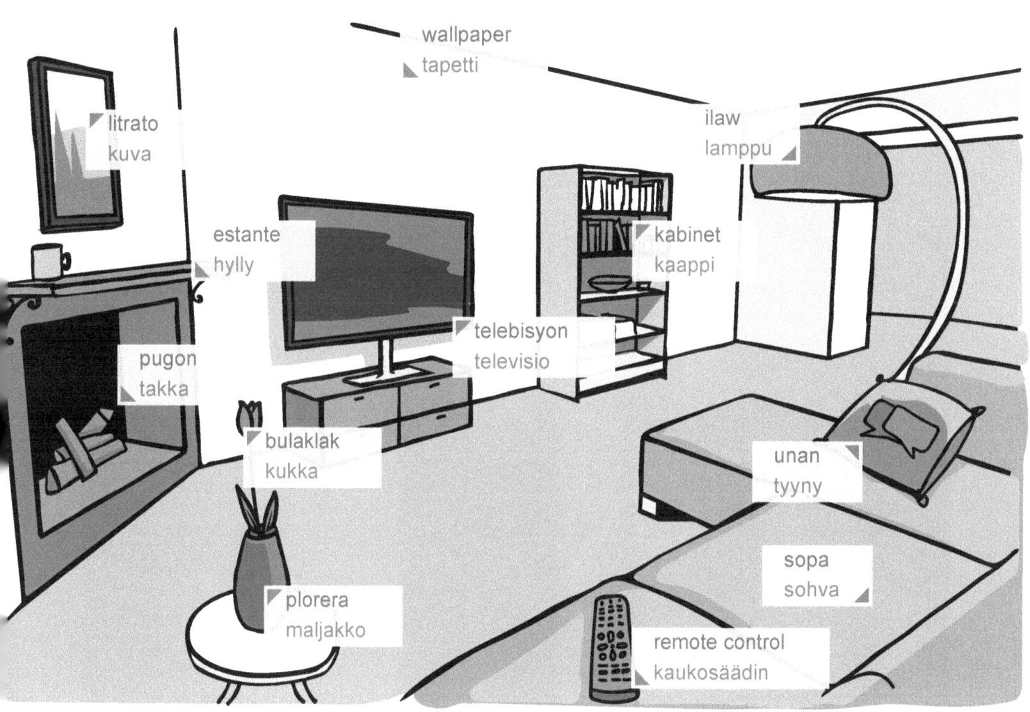

wallpaper
tapetti

litrato
kuva

ilaw
lamppu

estante
hylly

kabinet
kaappi

pugon
takka

telebisyon
televisio

bulaklak
kukka

unan
tyyny

sopa
sohva

plorera
maljakko

remote control
kaukosäädin

karpet
matto

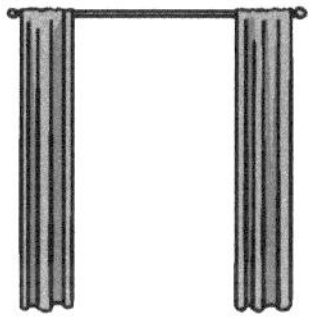

kurtina
verho

mesa
pöytä

silya
tuoli

tumba-tumba
keinutuoli

sandalan
nojatuoli

aklat

kirja

kumot

peitto

dekorasyon

koriste

kahoy na panggatong

polttopuut

pelikula

elokuva

hi-fi

stereot

susi

avain

dyaryo

sanomalehti

pinta

maalaus

poster

juliste

radyo

radio

kuwaderno

muistivihko

vacuum cleaner

pölynimuri

kaktus

kaktus

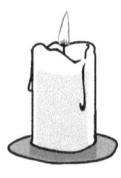

kandila

kynttilä

kusina
keittiö

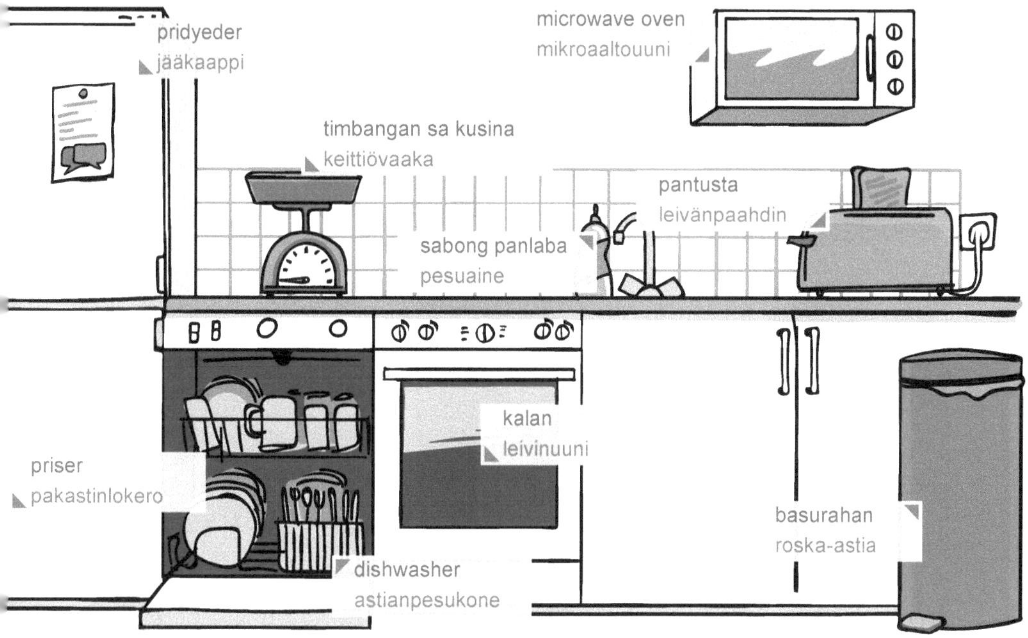
pridyeder
jääkaappi
microwave oven
mikroaaltouuni
timbangan sa kusina
keittiövaaka
pantusta
leivänpaahdin
sabong panlaba
pesuaine
kalan
leivinuuni
priser
pakastinlokero
basurahan
roska-astia
dishwasher
astianpesukone

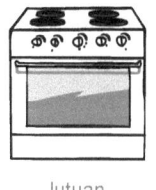

lutuan
liesi

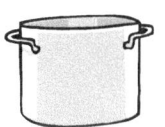

kaldero
kattila

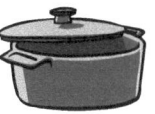

kalderong bakal
rautapata

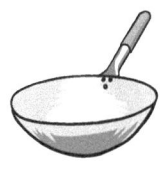

wok / kadai
vokkipannu / kadai-pannu

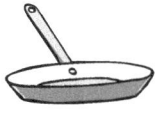

kawali
paistinpannu

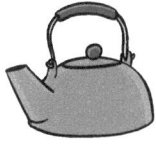

takore
teepannu

pasingawan

höyrykeitin

bandehado sa paghuhurno

uunipelti

babasagin

astiat

mug

muki

mangkok

kulho

sipit ng intsik

syömäpuikot

sandok

kauha

spatula

paistinlasta

pampalis

vispilä

pansala

siivilä

salaan

siivilä

pangkayod

raastin

almires

mortteli

barbikyo

grilli

siga

avotuli

tadtaran

leikkuulauta

rodilyo

kaulin

tribuson

korkinavaaja

lata

purkki

pambukas ng lata

purkinavaaja

panghawak ng kaldero

pannulappu

lababo

lavuaari

bras

tiskiharja

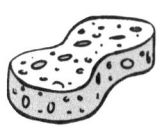

espongha

pesusieni

blender

tehosekoitin

malalim na freezer

pakastin

bote ng sanggol

tuttipullo

gripo

vesihana

palikuran
kylpyhuone

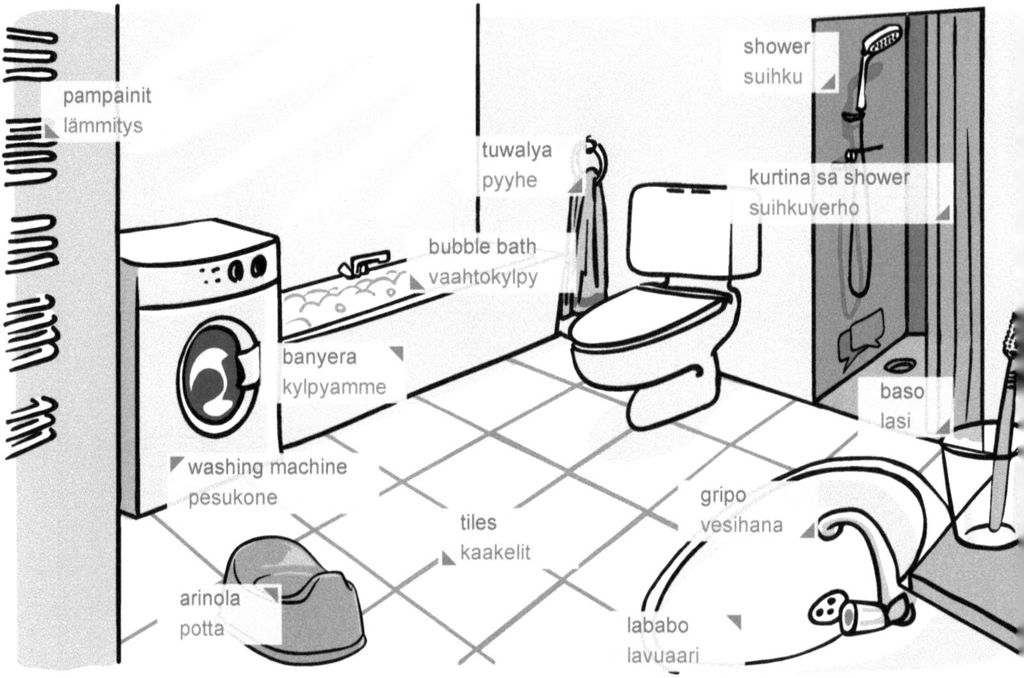
pampainit
lämmitys
shower
suihku
tuwalya
pyyhe
kurtina sa shower
suihkuverho
bubble bath
vaahtokylpy
banyera
kylpyamme
baso
lasi
washing machine
pesukone
gripo
vesihana
tiles
kaakelit
arinola
potta
lababo
lavuaari

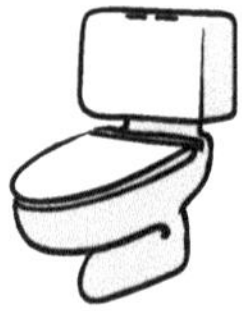

banyo

vessa

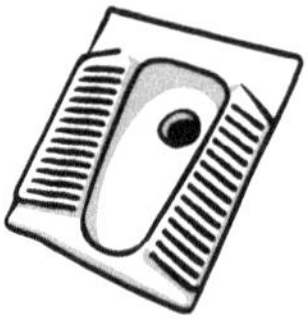

squat toilet

kyykkyvessa

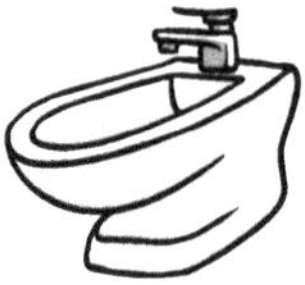

bidet

bidee

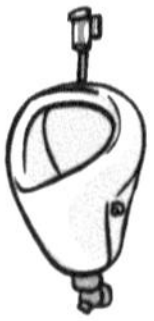

ihian

pisuaari

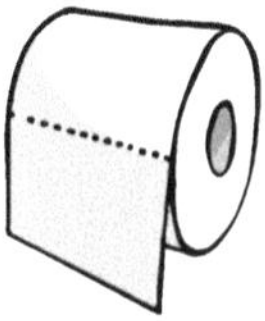

toilet paper

vessapaperi

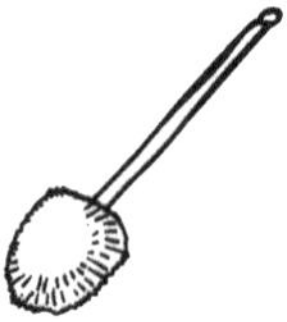

iskoba sa banyo

vessaharja

sipilyo

hammasharja

tutpeyst

hammastahna

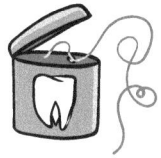

dental floss

hammaslanka

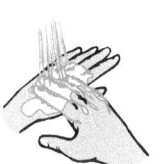

hugasan

pestä

shower na hinahawakan

käsisuihku

dutsa

intiimisuihku

palanggana

pesuvati

bras panlikod

selkäharja

sabon

saippua

shower gel

suihkugeeli

shampoo

shampoo

pranela

pesulappu

paagusan

viemäri

krema

voide

deodorant

deodorantti

salamin
....
peili

salaming hinahawakan
....
käsipeili

pang-ahit
....
partaveitsi

bulang pang-ahit
....
partavaahto

aftershave
....
partavesi

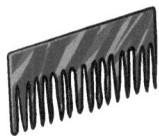

suklay
....
kampa

brush
....
harja

pantuyo ng buhok
....
hiustenkuivaaja

sprey sa buhok
....
hiuslakka

makeup
....
meikki

lipistik
....
huulipuna

pampakintab ng kuko
....
kynsilakka

bulak na lana
....
pumpuli

panggupit ng kuko
....
kynsisakset

pabango
....
hajuvesi

washbag

kosmetiikkalaukku

stool

jakkara

timbangan

vaaka

bata

kylpytakki

gomang guwantes

kumihansikkaat

tampon

tamponi

malinis na tuwalya

terveysside

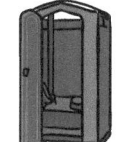

chemical toilet

kemiallinen wc

silid ng bata
lastenhuone

alarm clock
herätyskello
nayayakap na laruan
pehmolelu
laruang kotse
leikkiauto
kuliling
helistin
bahay ng manika
nukkekoti
regalo
lahja

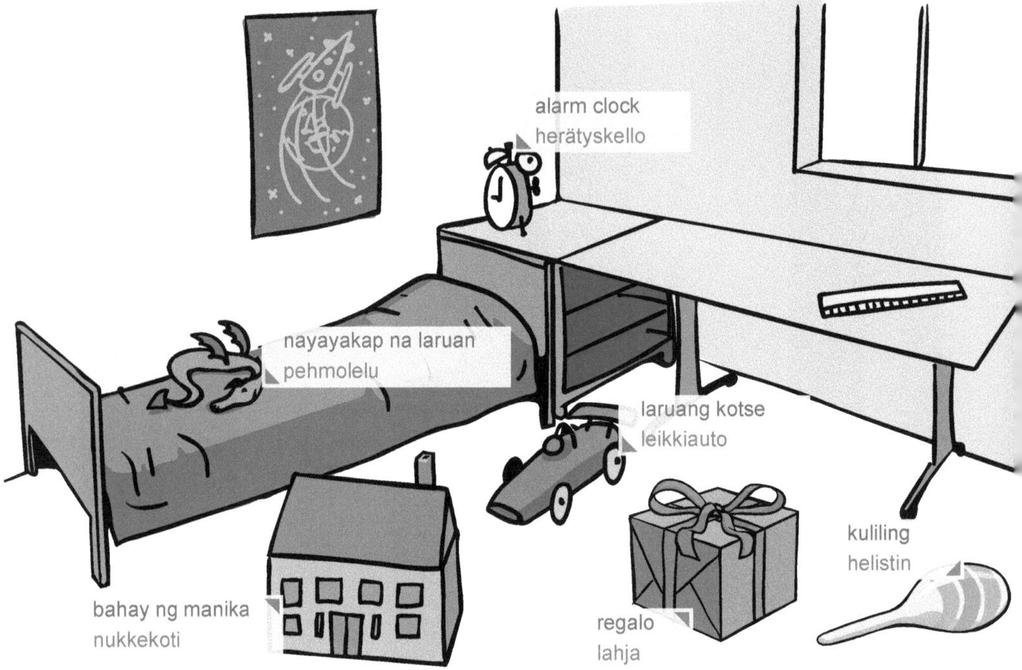

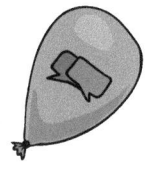

lobo

ilmapallo

higaan

sänky

pram

lastenvaunut

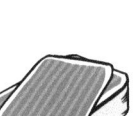

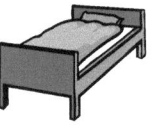

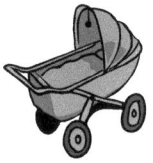

hanay ng mga baraha

korttipeli

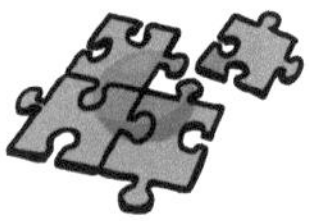

jigsaw

palapeli

komiks

sarjakuva

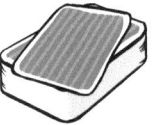

lego bricks

legopalikat

blokeng laruan

rakennuspalikat

action figure

supersankari

paglaki ng sanggol

potkupuku

frisbee

frisbee

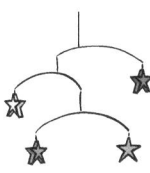

mobile

mobile

board game

lautapeli

dice

noppa

model train set

pienoisjunarata

manikin

tutti

salu-salo

juhlat

aklat ng mga litrato

kuvakirja

bola

pallo

manika

nukke

maglaro

leikkiä

tibagan ng buhangin

hiekkalaatikko

duyan

keinu

mga laruan

lelut

video game console

pelikonsoli

traysikel

kolmipyörä

teddy bear

nalle

aparador

vaatekaappi

pananamit

vaatteet

medyas

sukat

stockings

nylonsukat

pampitis

sukkahousut

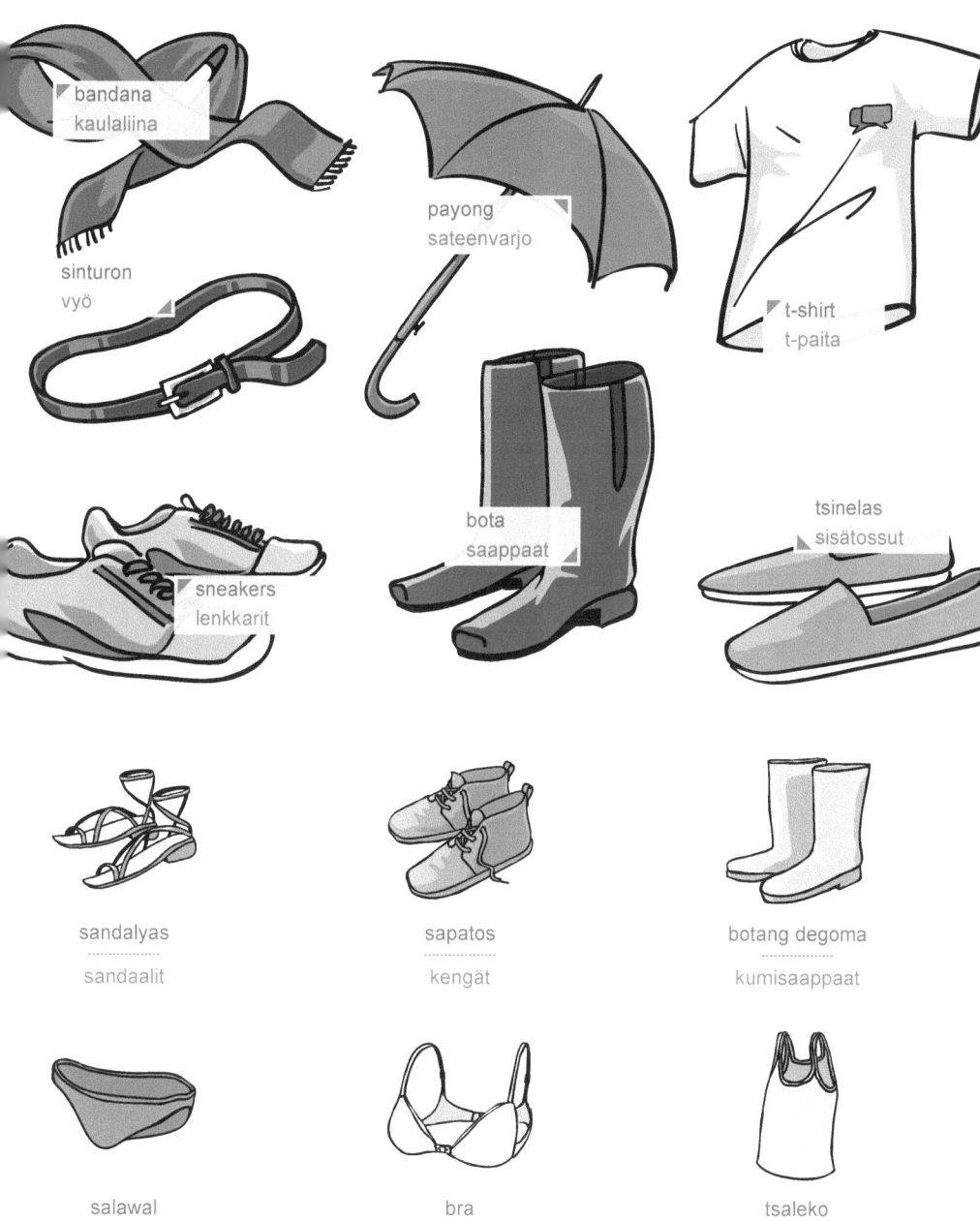

bandana
kaulaliina

payong
sateenvarjo

sinturon
vyö

t-shirt
t-paita

tsinelas
sisätossut

bota
saappaat

sneakers
lenkkarit

sandalyas
sandaalit

sapatos
kengät

botang degoma
kumisaappaat

salawal
alushousut

bra
rintaliivit

tsaleko
aluspaita

katawan

body

pantalon

housut

jeans

farkut

palda

hame

blusa

pusero

kamiseta

paita

pullover

villapaita

panlamig

collegepaita

blazer

jakku

diyaket

takki

kapa

takki

kapote

sadetakki

kasuotan

puku

bistida

mekko

damit pangkasal

hääpuku

terno
puku

damit pantulog
yöpaita

padyama
pyjama

sari
shari

bandana sa ulo
päähuivi

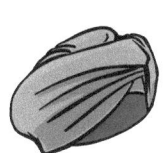

turban
turbaani

burka
burka

kaftan
kaftaani

abaya
abaya

panlangoy
uimapuku

trunks
uimahousut

salawal
shortsit

tracksuit
verkkarit

apron
esiliina

guwantes
käsineet

butones
nappi

salamin
silmälasit

pulseras
rannekoru

kuwintas
kaulakoru

singsing
sormus

hikaw
korvakoru

takip
lippalakki

sabitan ng kapa
ripustin

sombrero
hattu

kurbata
solmio

siper
vetoketju

helmet
kypärä

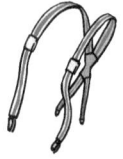

tirante
henkselit

uniporme sa paaralan
koulupuku

uniporme
univormu

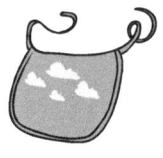

bibero

ruokalappu

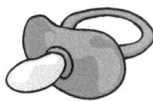

manikin

tutti

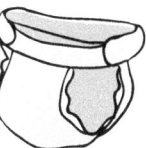

lampin

vaippa

opisina
toimisto

server
palvelin
kabinet ng file
asiakirjakaappi
printer
tulostin
papel
paperi
monitor
näyttö
mesa
kirjoituspöytä
mouse
hiiri
polder
kansio
keyboard
näppäimistö
basurahan ng papel
roskakori
kompyuter
tietokone
upuan
tuoli

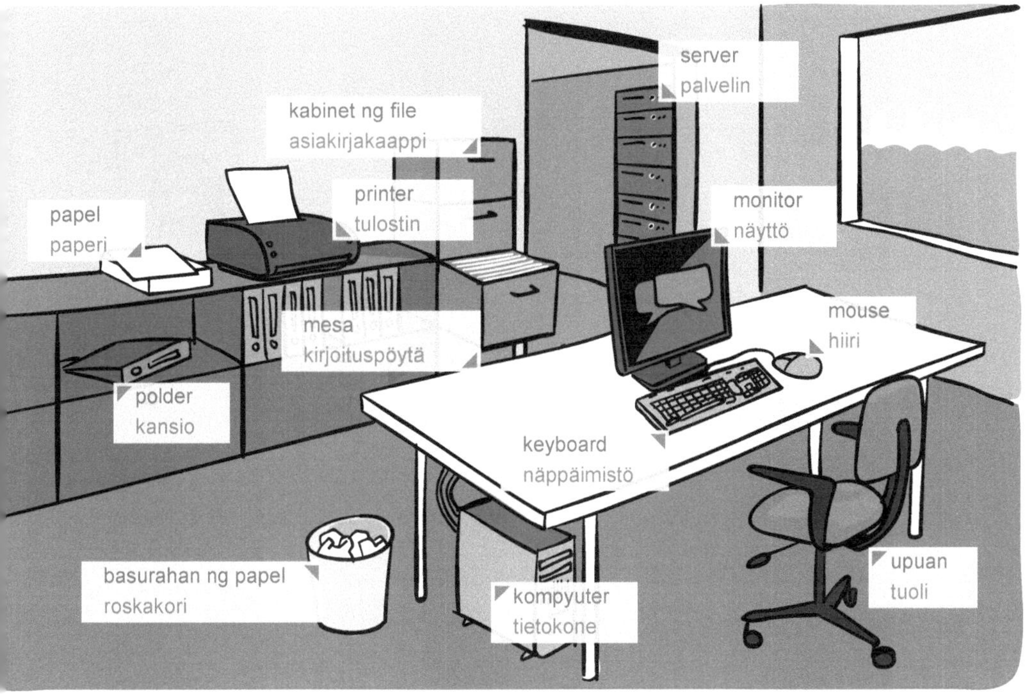

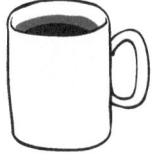

tasa ng kape

kahvimuki

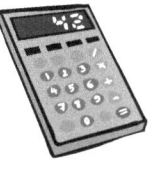

calculator

taskulaskin

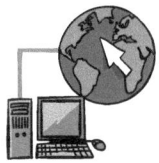

internet

internet

laptop	sulat	mensahe
kannettava tietokone	kirje	viesti

mobile	network	photocopier
kännykkä	verkko	kopiokone

software	telepono	saksakan
ohjelmisto	puhelin	pistorasia
	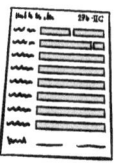	
fax machine	anyo	dokumento
faksi	lomake	asiakirja

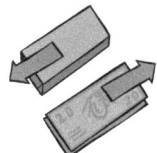

bumili
ostaa

magbayad
maksaa

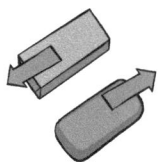

ikalakal
vaihtaa

pera
raha

dolyar
dollari

euro
euro

yen
jeni

rublo
rupla

swiss franc
frangi

renminbi yuan
renminbi juan

rupee
rupia

cash point
pankkiautomaatti

tanggapan ng palitan ng pera
rahanvaihto

ginto
kulta

tanso
hopea

langis
öljy

enerhiya
energia

presyo
hinta

kontrata
sopimus

buwis
vero

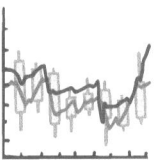

stock
osake

trabaho
työskennellä

empleyado
työntekijä

taga-empleyo
työnantaja

pabrika
tehdas

tindahan
liike

mga trabaho
ammatit

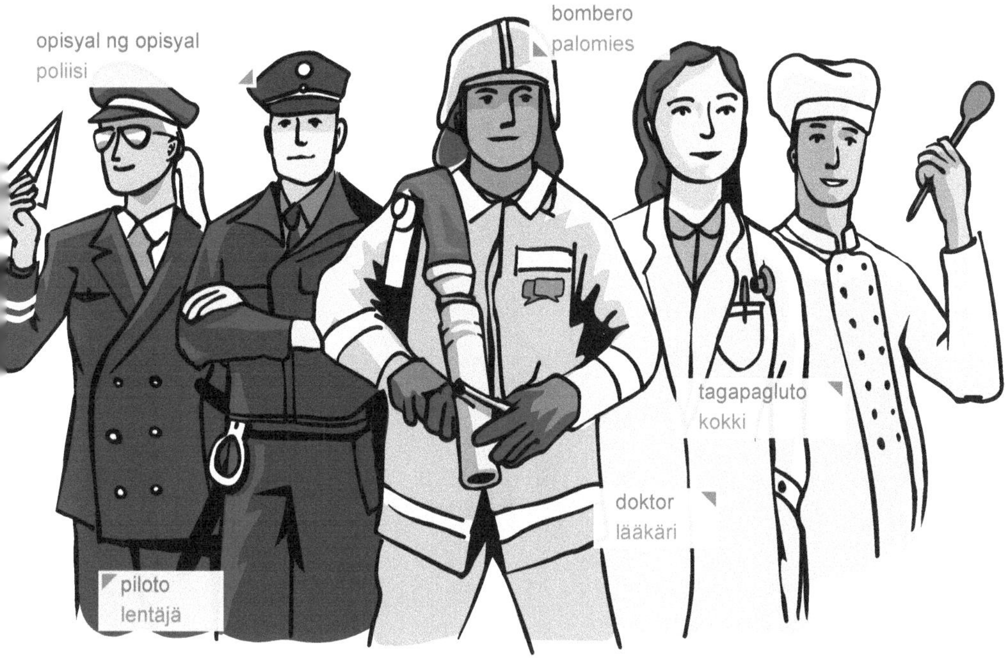

opisyal ng opisyal
poliisi
bombero
palomies
tagapagluto
kokki
doktor
lääkäri
piloto
lentäjä

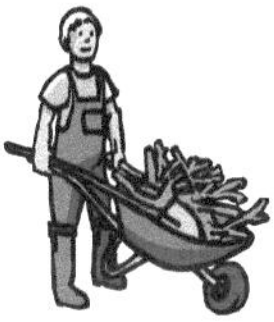

hardinero

puutarhuri

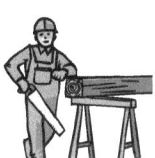

karpentero

puuseppä

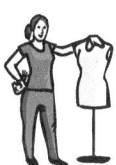

mananahi

ompelija

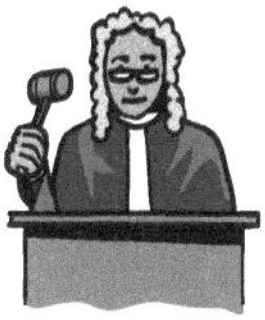

hukom

tuomari

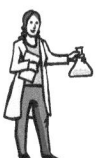

kemiko

kemisti

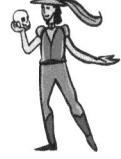

aktor

näyttelijä

tsuper ng bus

linja-autonkuljettaja

tsuper ng taxi

taksinkuljettaja

mangingisda

kalastaja

tagapaglinis

siivooja

tagapagkabit ng bubong

katontekijä

waiter

tarjoilija

mangangaso

metsästäjä

pintor

maalari

panadero

leipuri

elektrisyan

sähköasentaja

tagapagtayo

rakentaja

inhinyero

insinööri

magkakarne

teurastaja

tubero

putkiasentaja

kartero

postinjakaja

sundalo
sotilas

arkitekto
arkkitehti

kahera
kassanhoitaja

magtitinda ng bulaklak
floristi

manggugupit
kampaaja

konduktor
konduktööri

mekaniko
mekaanikko

kapitan
kapteeni

dentista
hammaslääkäri

siyentipiko
tiedemies

rabbi
rabbi

imam
imaami

monghe
munkki

klero
pappi

mga kagamitan
työkalut

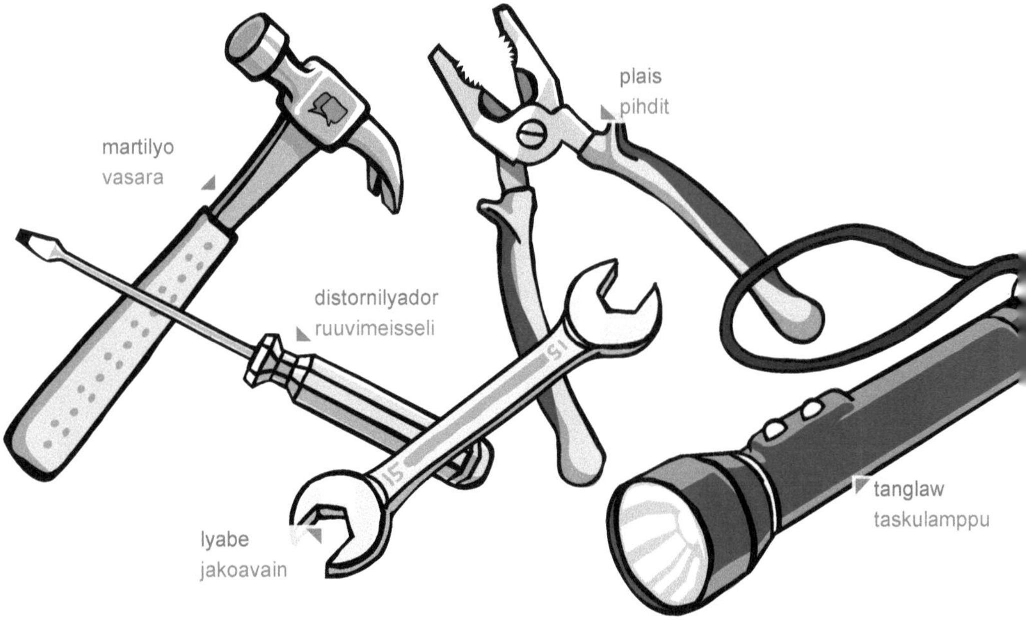
martilyo
vasara
plais
pihdit
distornilyador
ruuvimeisseli
lyabe
jakoavain
tanglaw
taskulamppu

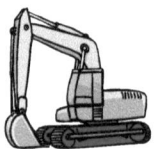

panghukay

kaivinkone

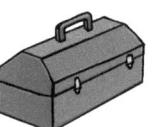

toolbox

työkalupakki

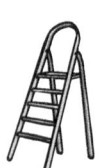

hagdan

tikkaat

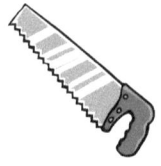

lagari

saha

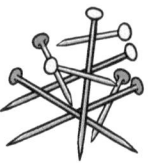

mga pako

naulat

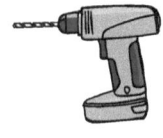

pambutas

pora

kumpunihin

korjata

pala

lapio

Kainis!

Hitto!

pandakot

rikkalapio

palayok ng pintura

maalipurkki

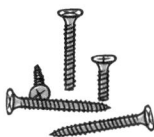

mga tornilyo

ruuvit

mga pangmusikang instrumento
soittimet

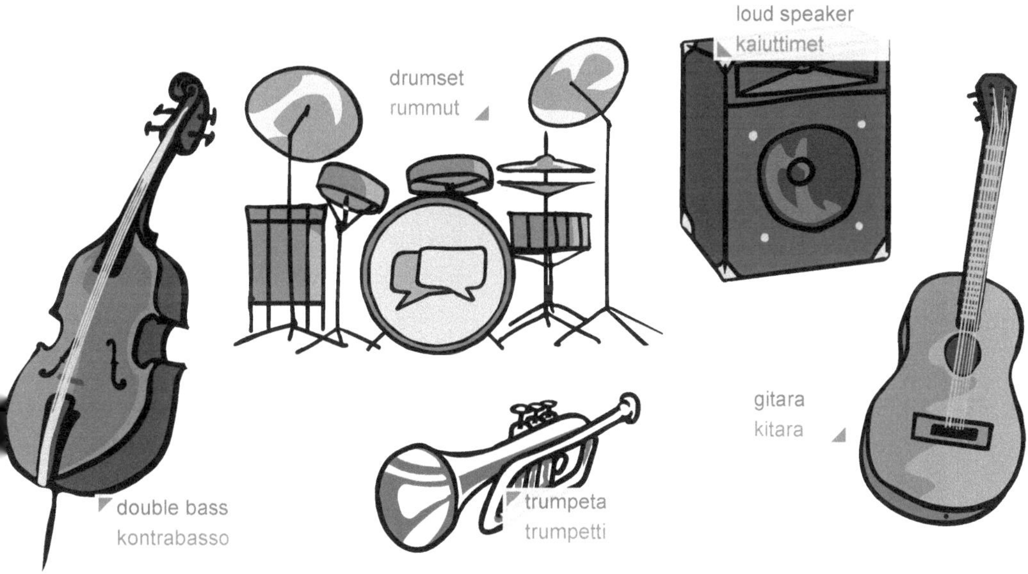

drumset
rummut

loud speaker
kaiuttimet

gitara
kitara

double bass
kontrabasso

trumpeta
trumpetti

piyano	biyolin	bass
piano	viulu	basso

timpani	mga drum	keyboard
patarummut	rumpu	kosketinsoitin

saksopon	plauta	mikropono
saksofoni	huilu	mikrofoni

zoo
eläintarha

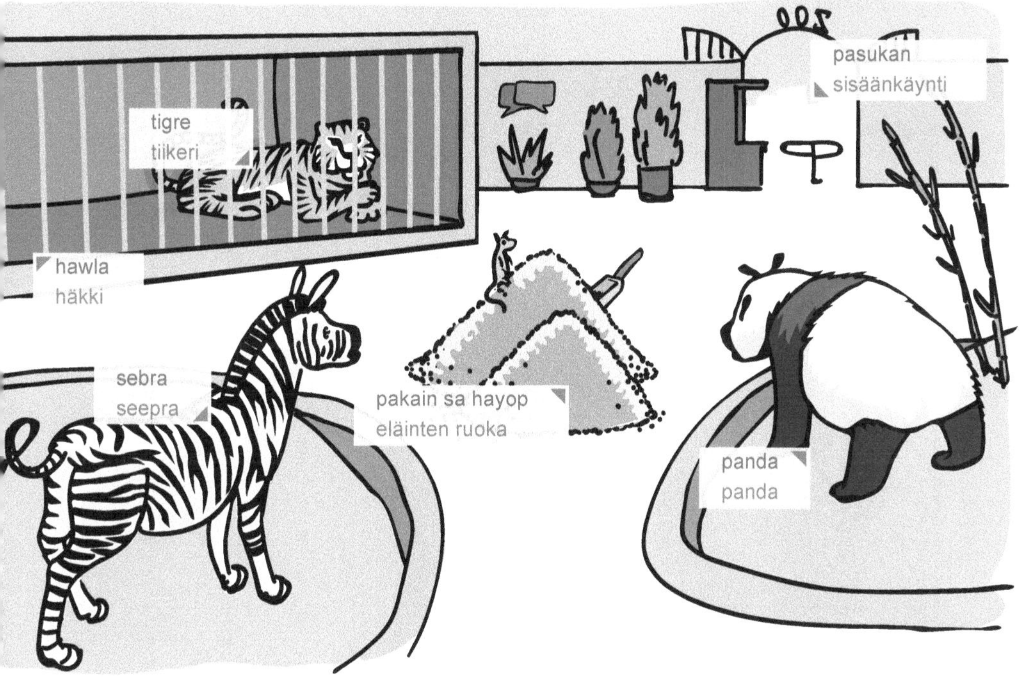
tigre
tiikeri
pasukan
sisäänkäynti
hawla
häkki
sebra
seepra
pakain sa hayop
eläinten ruoka
panda
panda

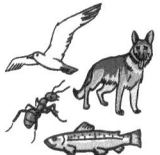

mga hayop

eläimet

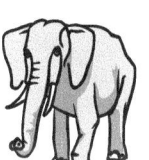

elepante

norsu

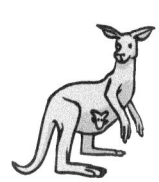

kanggaro

kenguru

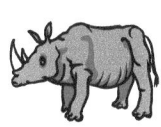

rhino

sarvikuono

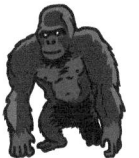

gorilya

gorilla

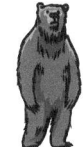

oso

karhu

kamelyo

kameli

ostrich

strutsi

leon

leijona

unggoy

apina

flamingo

flamingo

loro

papukaija

polar bear

jääkarhu

penguin

pingviini

pating

hai

paboreal

riikinkukko

ahas

käärme

buwaya

krokotiili

tagapag-alaga ng zoo

eläintarhanhoitaja

seal

hylje

jaguar

jaguaari

buriko
poni

leopardo
leopardi

hipo
virtahepo

dyirap
kirahvi

agila
kotka

bulugan
villisika

isda
kala

pagong
kilpikonna

walrus
mursu

soro
kettu

gasel
gaselli

Amerikanong putbol
amerikkalainen jalkapallo

pamimisikleta
pyöräily

tennis
tennis

basketbol
koripallo

paglalangoy
uinti

boksing
nyrkkeily

ice-hockey
jääkiekko

soccer
jalkapallo

badminton
sulkapallo

atletiks
yleisurheilu

handball
käsipallo

skiing
hiihto

polo
poolo

mga aktibidad
aktiviteetit

tumalon
hypätä
yakapin
halata
tumawa
nauraa
lumakad
kävellä
kumanta
laulaa
mangarap
unelmoida
magdasal
rukoilla
halikan
suudella

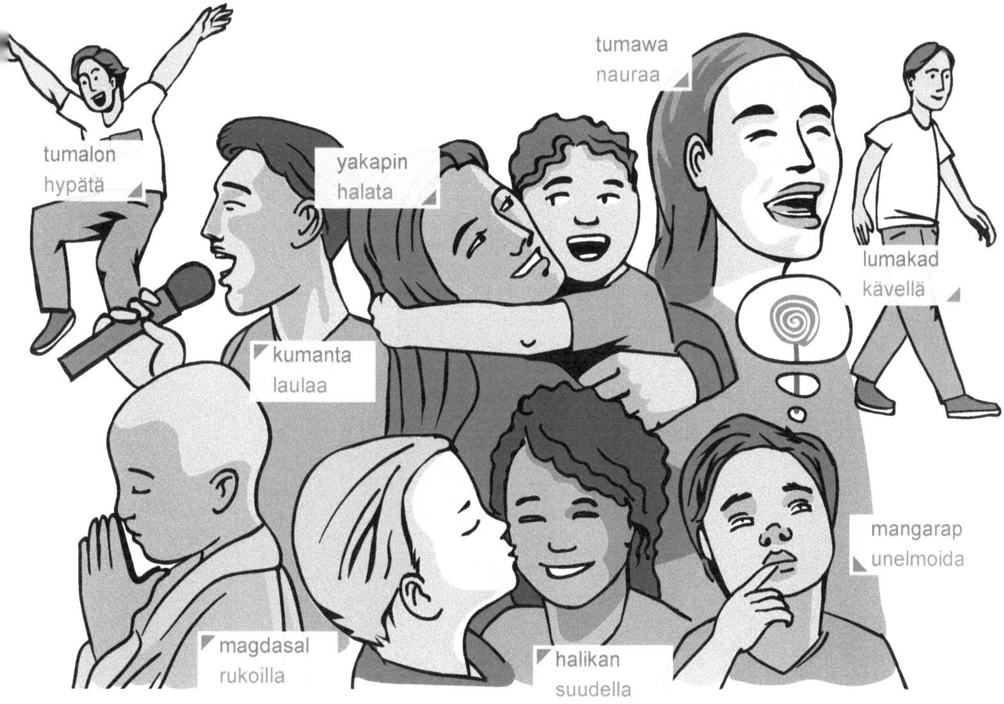

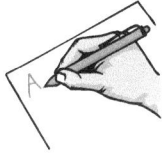

sumulat
kirjoittaa

gumuhit
piirtää

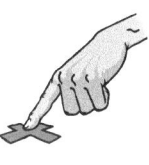

ipakita
näyttää

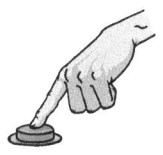

itulak
painaa

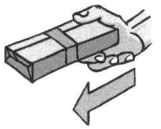

magbigay
antaa

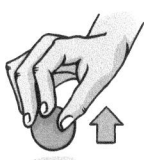

kunin
ottaa

magkaroon

omistaa

gawin

tehdä

maging

olla

tumayo

seisoa

tumakbo

juosta

hilahin

vetää

itapon

heittää

malaglag

kaatua

mahiga

maata

hintayin

odottaa

dalhin

kantaa

umupo

istua

magbihis

pukeutua

matulog

nukkua

gumising

herätä

tumingin

katsoa

umiyak

itkeä

estilo

silittää

magsuklay

kammata

magsalita

puhua

intindihin

ymmärtää

magtanong

kysyä

makinig

kuunnella

uminom

juoda

kumain

syödä

linisin

siivota

mahal

rakastaa

magluto

keittää

magmaneho

ajaa

lumipad

lentää

maglayag
purjehtia

kalkulahin
laskea

basahin
lukea

matuto
oppia

trabaho
työskennellä

pakasalan
mennä naimisiin

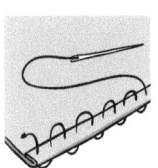

tahiin
ommella

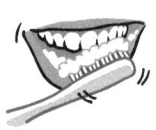

magsipilyo ng ngipin
pestä hampaat

patayin
tappaa

manigarilyo
tupakoida

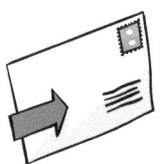

magpadala
lähettää

pamilya
perhe

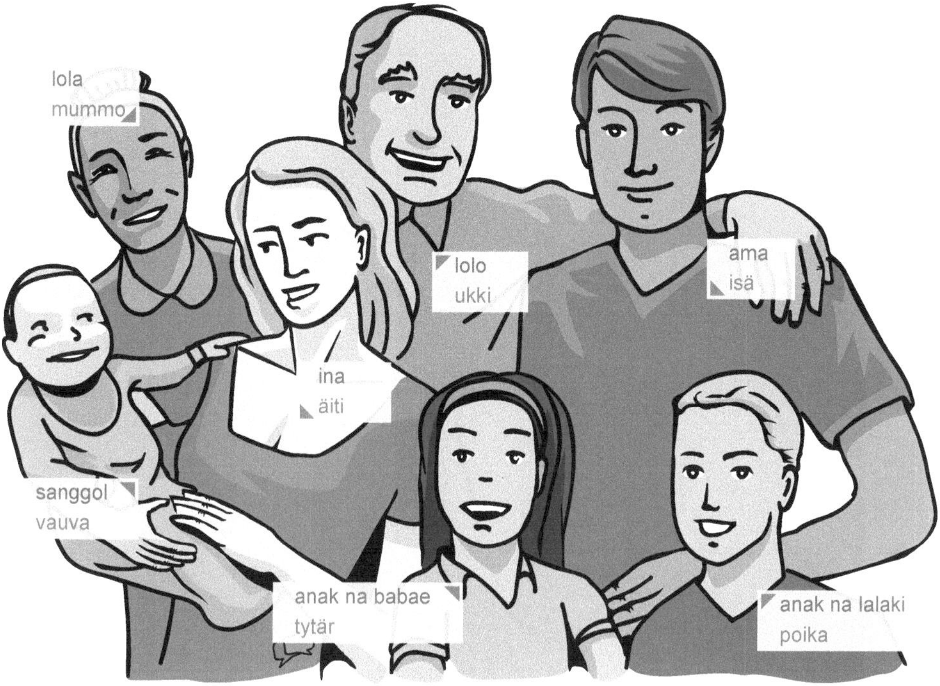
lola
mummo
lolo
ukki
ama
isä
ina
äiti
sanggol
vauva
anak na babae
tytär
anak na lalaki
poika

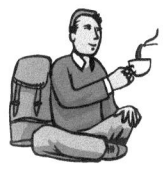

panauhin

vieras

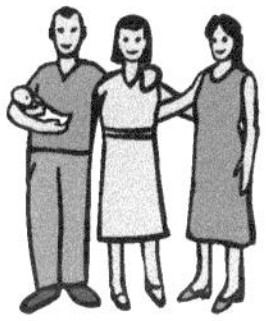

tiya

täti

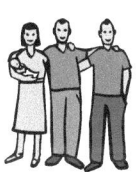

tiyo

setä

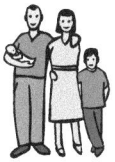

kuya

veli

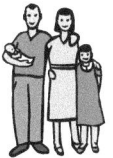

ate

sisko

katawan

vartalo

noo
otsa
mata
silmä
balikat
olkapää
daliri
sormet
mukha
kasvot
baba
leuka
kamay
käsi
binti
jalka
suso
rinta
bisig
käsivarsi

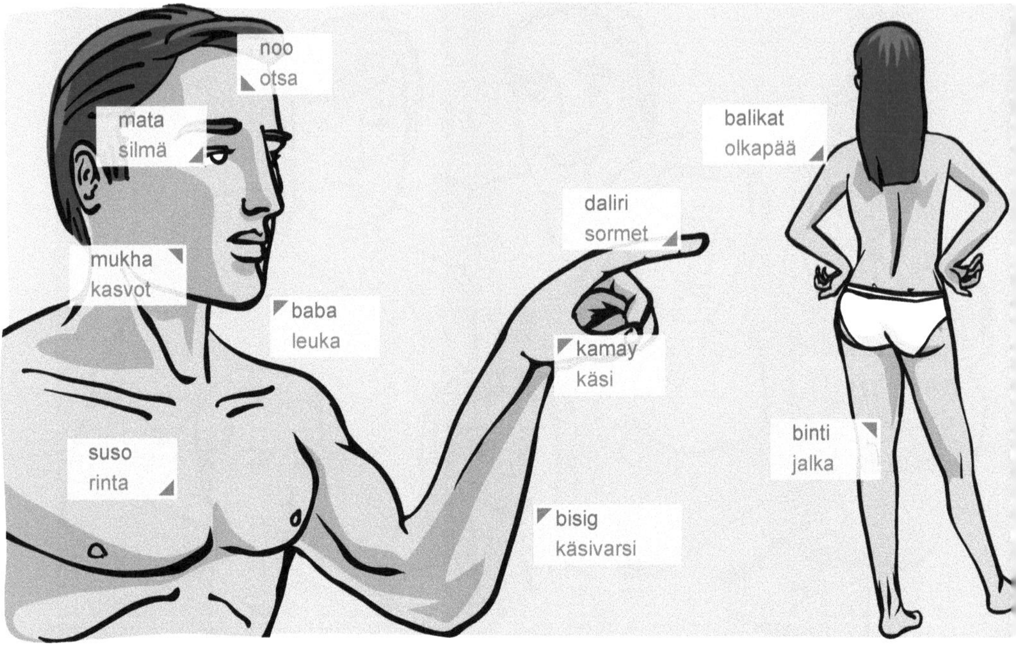

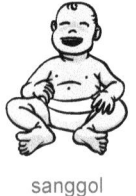

sanggol
vauva

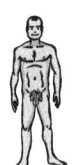

lalaki
mies

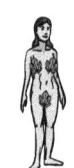

babae
nainen

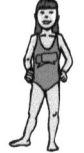

batang babae
tyttö

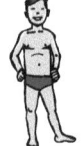

batang lalaki
poika

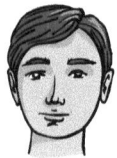

ulo
pää

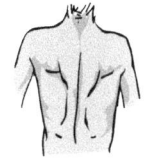

likod
selkä

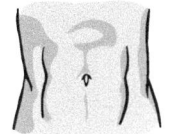

tiyan
maha

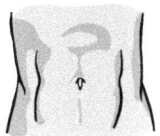

pusod
napa

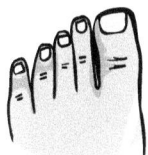

daliri ng paa
varvas

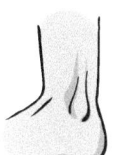

takong
kantapää

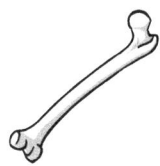

buto
luu

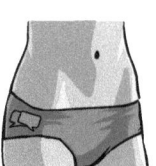

balakang
lantio

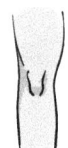

tuhod
polvi

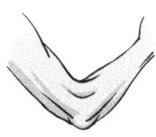

siko
kyynärpää

ilong
nenä

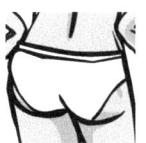

gitna
takapuoli

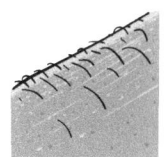

balat
iho

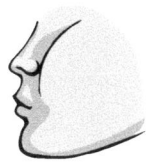

pisngi
poski

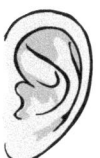

tainga
korva

labi
huuli

bibig
suu

ngipin
hammas

dila
kieli

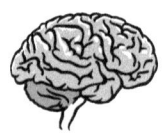

utak
aivot

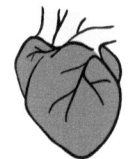

puso
sydän

kalamnan
lihas

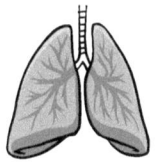

baga
keuhkot

atay
maksa

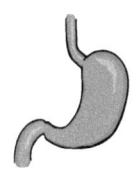

sikmura
vatsa

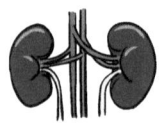

mga bato
munuaiset

pagtatalik
seksi

kondom
kondomi

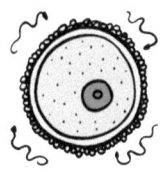

obyum
munasolu

semen
sperma

pagbubuntis
raskaus

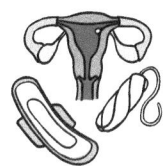

pagreregla

kuukautiset

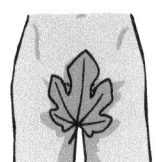

vagina

vagina

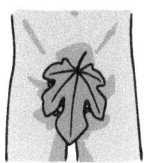

ari ng lalaki

penis

kilay

kulmakarvat

buhok

hiukset

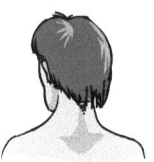

leeg

niska

ospital
sairaala

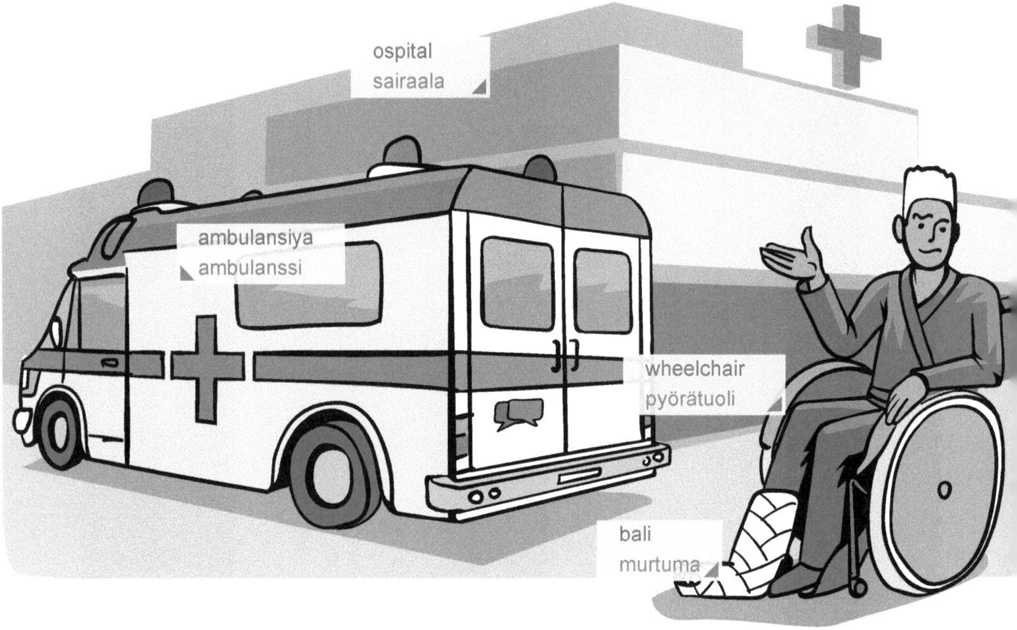

ospital
sairaala
ambulansiya
ambulanssi
wheelchair
pyörätuoli
bali
murtuma

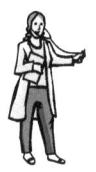

doktor

lääkäri

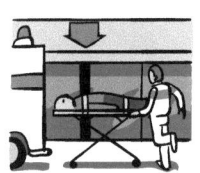

silid pang-emergency

ensiapu

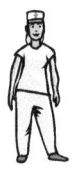

nars

sairaanhoitaja

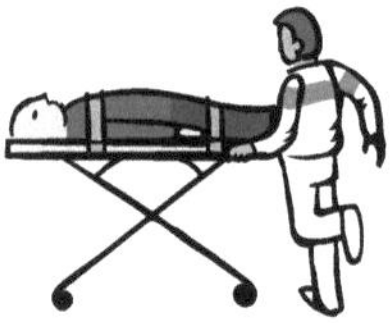

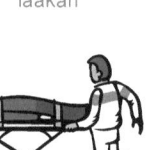

emerhensiya

hätätilanne

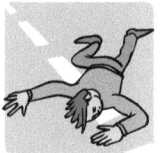

walang malay

tajuton

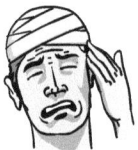

pananakit

kipu

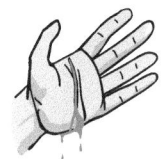

pinsala

vamma

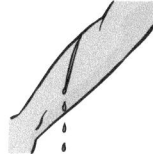

nagdurugo

verenvuoto

atake sa puso

sydänkohtaus

atake serebral

aivoinfarkti

alerdye

allergia

ubo

yskä

lagnat

kuume

trangkaso

flunssa

pagdudumi

ripuli

sakit ng ulo

päänsärky

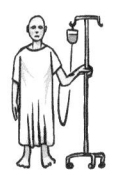

kanser

syöpä

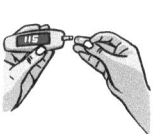

diyabetis

diabetes

siruhano

kirurgi

iskalpel

veitsi

operasyon

leikkaus

CT
ct

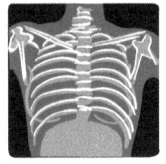

x-ray
röntgen

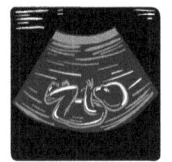

ultrasound
ultraääni

maskara sa mukha
maski

sakit
sairaus

silid-antayan
odotushuone

saklay
sauva

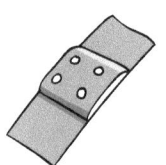

plaster
laastari

benda
side

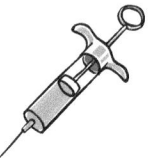

iniksyon
pistos

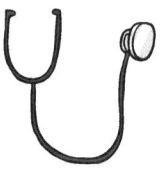

istetoskopyo
stetoskooppi

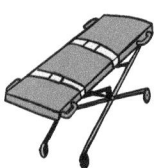

estretser
paarit

klinikal na termometro
kuumemittari

pagsilang
syntymä

labis sa timbang
ylipaino

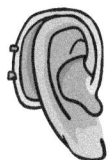

hearing-aid
kuulolaite

pang-disimpekta
desinfiointiaine

impeksyon
infektio

bayrus
virus

HIV / AIDS
HIV / AIDS

medisina
lääke

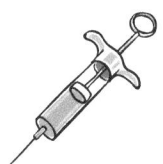

bakuna
rokotus

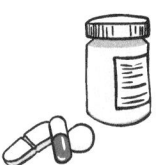

mga tableta
tabletit

tabletas
pilleri

emergency na tawag
hätäpuhelu

pagmamatyag sa presyon
ng dugo
verenpainemittari

may sakit / malusog
sairas / terve

Tulong!	alarma	asulto
Apua!	hälytys	ryöstö
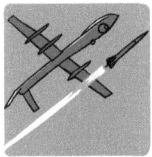		
atake	panganib	labasang pang-emergency
hyökkäys	vaara	hätäuloskäynti

Sunog!	fire extinguisher	aksidente
Tulipalo!	palosammutin	onnettomuus
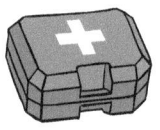		
kagamitan sa paunang lunas	SOS	pulis
ensiapulaukku	SOS	poliisilaitos

Europa

Eurooppa

Hilagang Amerika

Pohjois-Amerikka

Timog Amerika

Etelä-Amerikka

Aprika

Afrikka

Asya

Aasia

Australia

Australia

Atlantika

Atlantin valtameri

Pasipiko

Tyynimeri

Dagat Indiano

Intian valtameri

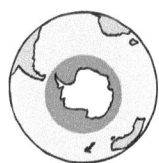

Dagat Antarktika

Eteläinen jäämeri

Dapat Arktika

Pohjoinen jäämeri

Hilagang polo

pohjoisnapa

Timog polo
etelänapa

Antartika
Antarktis

mundo
maa

lupa
maa

dagat
meri

isla
saari

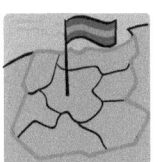

bansa
kansa

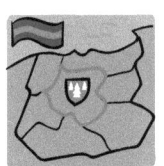

estado
osavaltio

mukha ng orasan

kellotaulu

orasang kamay

tuntiviisari

minutong kamay

minuuttiviisari

segundong kamay

sekuntiviisari

Anong oras na?

Paljonko kello on?

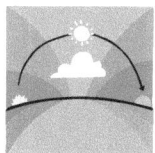

araw

päivä

oras

aika

ngayon

nyt

digital na relo

digitaalikello

minuto

minuutti

oras

tunti

linggo
viikko

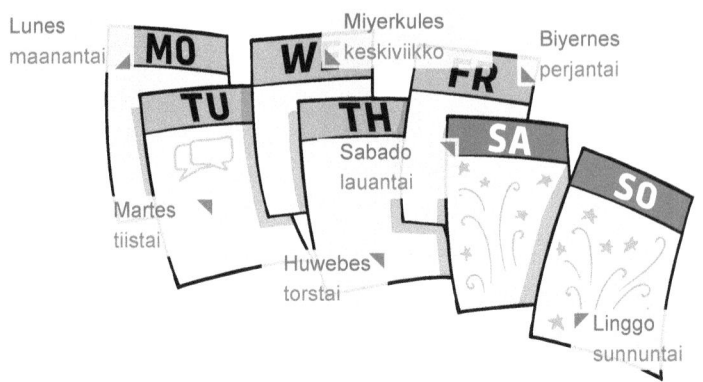

Lunes
maanantai

Miyerkules
keskiviikko

Biyernes
perjantai

Martes
tiistai

Sabado
lauantai

Huwebes
torstai

Linggo
sunnuntai

kahapon
....
eilen

ngayon
....
tänään

bukas
....
huomenna

umaga
....
aamu

tanghali
....
keskipäivä

gabi
....
ilta

mga araw ng negosyo
....
työpäivät

katapusan ng linggo
....
viikonloppu

ulan
sade

bahaghari
sateenkaari

niyebe
lumi

hangin
tuuli

tagsibol
kevät

taglagas
syksy

tag-init
kesä

taglamig
talvi

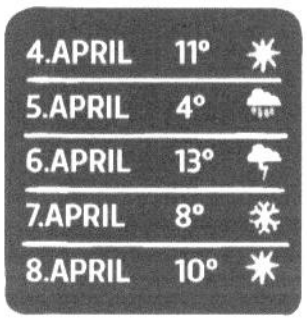

4.APRIL	11°	☀
5.APRIL	4°	☁
6.APRIL	13°	☂
7.APRIL	8°	❄
8.APRIL	10°	☀

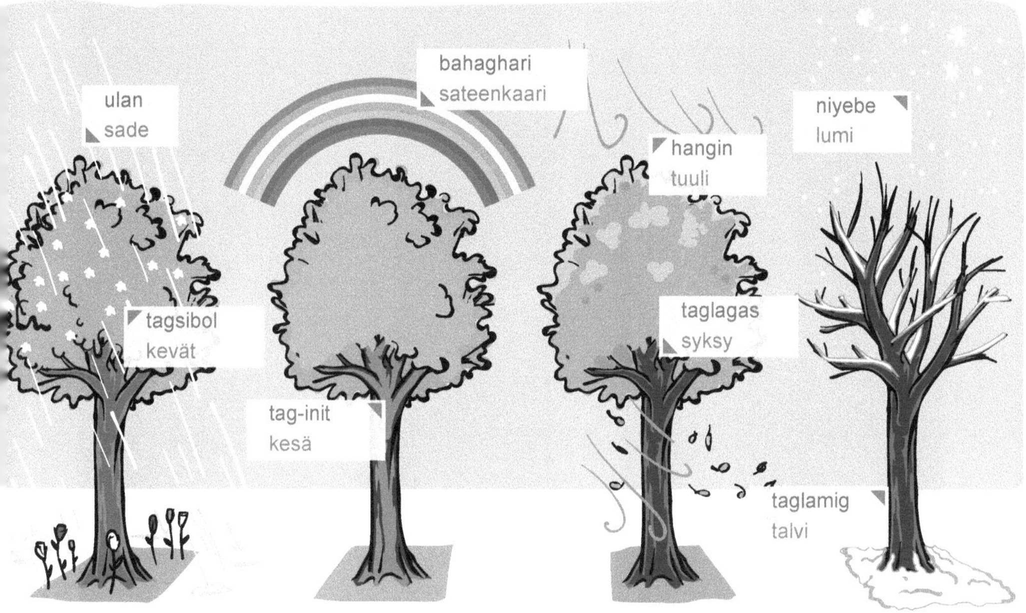

lagay ng panahon

sääennuste

termometro

lämpömittari

sikat ng araw

auringonpaiste

ulap

pilvi

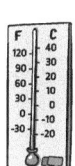 

hamog

sumu

kahalumigmigan

ilmankosteus

kidlat

salama

kulog

ukkonen

bagyo

myrsky

may yelong ulan

rae

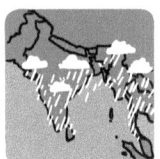

tag-ulan

monsuuni

pagkain

tulva

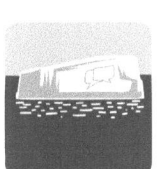

yelo

jää

Enero

tammikuu

Pebrero

helmikuu

Marso

maaliskuu

Abril

huhtikuu

Mayo

toukokuu

Hunyo

kesäkuu

Hulyo

heinäkuu

Agosto

elokuu

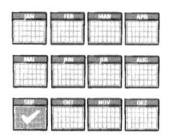

Setyembre

syyskuu

Oktubre

lokakuu

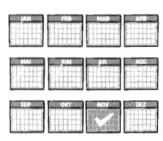

Nobyembre

marraskuu

Disyembre

joulukuu

mga hugis
muodot

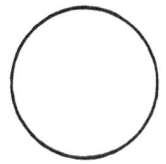

bilog

ympyrä

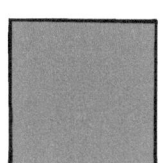

parisukat

neliö

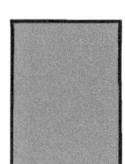

rektanggulo

suorakulmio

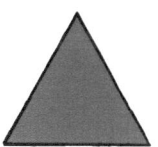

tatsulok

kolmio

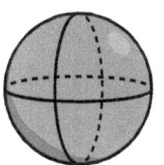

pabilog

pallo

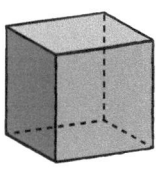

kyub

kuutio

mga kulay

värit

puti

valkoinen

dilaw

keltainen

kahel

oranssi

rosas

vaaleanpunainen

pula

punainen

ube

violetti

asul

sininen

berde

vihreä

brown

ruskea

grey

harmaa

itim

musta

marami / kakaunti
paljon / vähän

takot / kalmado
vihainen / ystävällinen

maganda / pangit
kaunis / ruma

simula / katapusan
alku / loppu

malaki / maliit
suuri / pieni

matingkad / madilim
vaalea / tumma

kuya / ate
veli / sisko

malinis / madumi
puhdas / likainen

kumpleto / kulang
täydellinen / epätäydellinen

araw / gabi
päivä / yö

patay / buhay
kuollut / elävä

malawak / makipot
leveä / kapea

nakakain / hindi nakakain

syötävä / syömäkelvoton

masama / mabuti

paha / kiltti

nakakatuwa / nakakainip

innostunut / tylsistynyt

mataba / payat

lihava / laiha

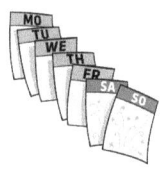

una / huli

ensimmäinen / viimeinen

kaibigan / kaaway

ystävä / vihollinen

puno / walang laman

täysi / tyhjä

matigas / malambot

kova / pehmeä

mabigat / magaan

painava / kevyt

gutom / uhaw

nälkä / jano

may sakit / malusog

sairas / terve

ilegal / legal

laiton / laillinen

matalino / tanga

älykäs / tyhmä

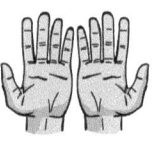

kaliwa / kanan

vasen / oikea

malapit / malayo

lähellä / kaukana

magkasalungat - vastakohdat

bago /gamit na

uusi / käytetty

wala /mayroon

ei mitään / jotain

matanda / bata

vanha / nuori

naka-on / naka-off

päällä / pois päältä

bukas / sarado

auki / kiinni

tahimik / maingay

hiljainen / äänekäs

mayaman / mahirap

rikas / köyhä

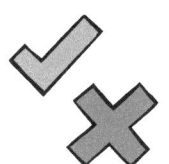

tama / mali

oikein / väärin

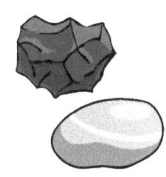

magaspang / makinis

karhea / sileä

malungkot / masaya

surullinen / iloinen

maikli / mahaba

lyhyt / pitkä

mabagal / mabilis

hidas / nopea

basa / tuyo

märkä / kuiva

maligamgam / malamig

lämmin / viileä

digmaan / kapayapaan

sota / rauha

0	**1**	**2**
sero	isa	dalawa
nolla	yksi	kaksi

3	**4**	**5**
tatlo	apat	lima
kolme	neljä	viisi

6	**7**	**8**
anim	pito	walo
kuusi	seitsemän	kahdeksan

9	**10**	**11**
siyam	sampu	labing-isa
yhdeksän	kymmenen	yksitoista

12

labindalawa

kaksitoista

13

labintatlo

kolmetoista

14

labing-apat

neljätoista

15

labinlima

viisitoista

16

labing-anim

kuusitoista

17

labimpito

seitsemäntoista

18

labing-walo

kahdeksantoista

19

labinsiyam

yhdeksäntoista

20

dalawampu

kaksikymmentä

100

daan

sata

1.000

libo

tuhat

1.000.000

milyon

miljoona

mga wika
kielet

Ingles

englanti

Amerikan na Ingles

amerikanenglanti

Tsinong Mandarin

mandariinikiina

Hindi

hindi

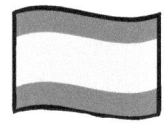

Espanyol

espanja

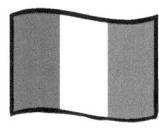

Pranses

ranska

Arabe

arabia

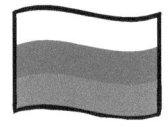

Ruso

venäjä

Portuges

portugali

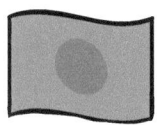

Bengali

bengali

Aleman

saksa

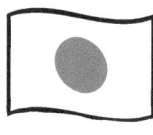

Hapon

japani

ako
minä

ikaw
sinä

siya / siya / ito
hän

kami
me

ikaw
te

sila
he

sino?
kuka?

ano?
mitä / mikä?

paano?
miten?

saan?
missä?

kailangan?
milloin?

pangalan
nimi

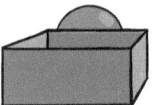

likuran

takana

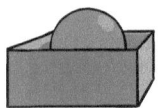

saan

sisällä

sa harap ng

edessä

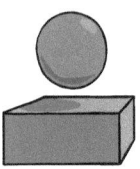

itaas

yläpuolella

sa

päällä

ilalim

alapuolella

katabi

vieressä

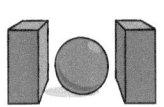

pagitan

välissä

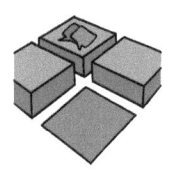

lugar

paikka